Cómo Aprender Cualquier Lenguaje de Programación

Una guía completa para dominar cualquier lenguaje desde los fundamentos hasta la innovación tecnológica.

Autores:
Martín Alejandro Oviedo y Daedalus

Fecha de Publicación:
2024

Derechos Reservados:
Todos los derechos reservados. Ninguna parte de esta publicación puede ser reproducida, distribuida o transmitida en ninguna forma ni por ningún medio sin la previa autorización de los autores.

ISBN:
9798345743041

Prólogo

La programación se ha convertido en el lenguaje universal de la era moderna. Más allá de ser una habilidad técnica, es una puerta hacia la comprensión y creación de los sistemas que impulsan al mundo. Sin embargo, quienes recién se inician en este vasto campo pueden encontrarse atrapados entre la vasta cantidad de lenguajes, conceptos, herramientas y paradigmas que parecen inabarcables. ¿Cómo aprender cualquier lenguaje de programación sin perderse en los detalles? ¿Cómo encontrar la esencia de la programación para adaptarse a cualquier tecnología?

Este libro nace para responder a estas preguntas. Nos propusimos crear una guía completa y accesible, no solo para aprender un lenguaje específico, sino para dotarte de una comprensión que te permitirá adaptarte a cualquier lenguaje de programación, comprender su lógica y aplicarlo a tus proyectos. Hemos incluido desde los fundamentos que comparten todos los lenguajes hasta los conceptos más avanzados que impulsan las tendencias actuales en programación. También exploramos el contexto histórico y social en el que la programación ha evolucionado, porque creemos que entender sus raíces y su impacto nos ayuda a comprender mejor su propósito en el presente.

Cómo Aprender Cualquier Lenguaje de Programación es un viaje a través de los principios, herramientas y centros tecnológicos que han definido la programación a lo largo de los años. Es un manual para el presente y el futuro, una invitación a entender que, sin importar el lenguaje, el verdadero poder está en la capacidad de pensar, resolver problemas y crear.

Este libro está escrito para aquellos que se acercan a la programación por primera vez y para quienes, con algo de experiencia, buscan una base sólida para explorar nuevos lenguajes. A lo largo de estas páginas, esperamos guiarte en un proceso de aprendizaje que va mucho más allá de memorizar código. Queremos inspirarte a pensar como programador y ayudarte a descubrir la estructura esencial que subyace en cualquier lenguaje.

Bienvenido a esta aventura de conocimiento. Al final, descubrirás que no importa el lenguaje que elijas; lo fundamental siempre será el arte de aprender.

Martín Alejandro Oviedo y Daedalus

Prefacio

En la última década, la programación ha dejado de ser una habilidad exclusiva de especialistas y se ha convertido en una herramienta esencial en casi todas las disciplinas. Ya no basta con saber un solo lenguaje: los desarrolladores, ingenieros y creativos deben ser versátiles, capaces de adaptarse rápidamente a nuevas tecnologías, lenguajes y entornos. Sin embargo, la pregunta sigue siendo la misma: ¿cómo aprender cualquier lenguaje de programación con eficiencia y profundidad?

Este libro es nuestra respuesta a esa pregunta. A lo largo de años de aprendizaje y práctica, hemos notado que la verdadera habilidad en programación no radica en la simple capacidad de memorizar sintaxis, sino en la comprensión de los principios y patrones que subyacen en todos los lenguajes. Esta obra busca ayudarte a descubrir esos principios esenciales, para que cualquier lenguaje que decidas aprender se convierta en una extensión de tu comprensión, no en una barrera.

A diferencia de un manual técnico sobre un lenguaje en particular, *Cómo Aprender Cualquier Lenguaje de Programación* está diseñado como una guía atemporal. Nos enfocamos en desentrañar la estructura común de los lenguajes, en enseñarte a identificar sus componentes y a aplicar un enfoque de aprendizaje eficaz. Además, exploramos el contexto histórico y cultural que ha moldeado la evolución de la programación, y el impacto que ésta tiene en los centros tecnológicos de nuestro planeta. Queremos darte una visión completa para que, al final de esta lectura, tengas el conocimiento y la confianza de abordar cualquier lenguaje que desees.

Escribimos este libro con la convicción de que la programación es, en esencia, una herramienta para crear, resolver problemas y explorar nuevas ideas. Nuestra intención es ofrecerte una experiencia de aprendizaje que va más allá de lo técnico, una que despierte tu curiosidad y te inspire a ver la programación como un arte y una habilidad transformadora.

Esperamos que encuentres en estas páginas la inspiración para aprender, explorar y conectar con el vasto universo de la programación. No importa si estás comenzando tu viaje o si ya tienes experiencia; este libro es una invitación a ver la programación desde una nueva perspectiva, una que te permita adaptarte y crecer en un mundo de constante cambio.

Martín Alejandro Oviedo y Daedalus

Índice

Parte 1: Fundamentos de la Programación y su Historia

1. Introducción: Qué es la Programación y Por Qué Importa
2. La Historia de la Programación: Desde el Ábaco a los Computadores Modernos
    - 2.1. Primera Computadora: La Máquina Analítica de Babbage
    - 2.2. Cómo Se Programaban las Primeras Máquinas
    - 2.3. De los Tableros de Control a los Lenguajes de Programación
3. Analogía entre Engranajes y Funciones: Cómo se Conectan las Piezas en la Programación
4. Primeros Lenguajes de Programación y su Evolución
    - 4.1. COBOL y FORTRAN
    - 4.2. C y el Paradigma de Programación Estructurada
    - 4.3. Java, Python y el Enfoque Orientado a Objetos

Parte 2: Fundamentos Comunes en Cualquier Lenguaje

1. Variables y Tipos de Datos
   - 5.1. Números, Cadenas, Booleanos y Otros
2. Operadores y Expresiones
   - 6.1. Aritméticos, Lógicos y de Comparación
3. Estructuras de Control de Flujo
   - 7.1. Condicionales: if, else, switch
   - 7.2. Bucles: for, while, do-while
4. Funciones y Modularidad: Creación de Engranajes en Programación
5. Manejo de Errores: Anticiparse a los Problemas

Parte 3: Cómo Aprender un Nuevo Lenguaje de Programación

1. Investigación Inicial: Qué Buscar Antes de Empezar

- 10.1. Documentación Oficial y Recursos Confiables
- 10.2. Comunidades y Foros

1. Instalación de Herramientas y Entorno de Desarrollo
2. El Primer Programa en Cualquier Lenguaje: "Hola Mundo"
3. Entender la Sintaxis y el Estilo de un Lenguaje
4. Cómo Identificar las Diferencias Clave entre Lenguajes

Parte 4: Construyendo un Proyecto desde Cero

1. Crear un Plan de Proyecto: De la Idea al Código

- 15.1. Proyectos Básicos para Principiantes

1. Desarrollando una Calculadora Básica

- 16.1. Entrada y Salida de Datos
- 16.2. Validación de Errores

1. Crear un Generador de Contraseñas
2. Hacer un Juego Simple: Piedra, Papel o Tijera

- 18.1. Añadir Inteligencia Artificial Básica

Parte 5: Recursos y Prácticas de Estudio

1. Cómo Leer y Usar Documentación Técnica
2. Recursos de Aprendizaje: Libros, Cursos, Videos y Ejercicios
3. Práctica Regular y la Importancia de los Retos de Programación
4. Proyectos de Código Abierto: Cómo Aprender Colaborando
5. Establecer Rutinas de Estudio y Práctica

Parte 6: El Futuro de la Programación y el Rol Humano

1. El Futuro del Trabajo en Programación
2. ¿Qué Significa Programar en la Era de la Inteligencia Artificial?
3. El Rol de los Humanos y las Computadoras en el Futuro Cercano
4. La Ética de la Programación y el Impacto en la Sociedad.

Parte 7: Centros Tecnológicos del Mundo y su Influencia en la Programación

1. Centros de Innovación: Donde la Tecnología Florece

- 28.1. **Silicon Valley:** El Epicentro de la Revolución Tecnológica
- 28.2. **Tel Aviv:** El Hub de Startups y Tecnología en Medio Oriente
- 28.3. **Shenzhen y Beijing:** Líderes en Tecnología y Manufactura en China
- 28.4. **Bangalore:** El Silicon Valley de India

1. Programación en Latinoamérica y la Expansión de Hubs Tecnológicos

- 29.1. Buenos Aires, Ciudad de México, São Paulo, Santiago

1. La Influencia de los Centros Tecnológicos en el Desarrollo de Herramientas y Recursos

- 30.1. Ecosistemas de Innovación: Capital, Mentores y Redes de Apoyo

Parte 8: Evolución de la Programación en Videojuegos y Sistemas Operativos

1. El Origen de la Programación en Videojuegos: Desde Pong hasta Juegos en Realidad Virtual

- 31.1. Primeros Juegos y su Impacto en la Cultura de Programación
- 31.2. La Industria del Videojuego como Catalizador de Lenguajes y Algoritmos

1. Motores de Videojuegos: Herramientas que Transformaron la Programación

- 32.1. Introducción a los Motores: Unity, Unreal Engine y Otros
- 32.2. La Importancia de la Física y la IA en los Videojuegos

1. Sistemas Operativos: Los Pilares de la Computación Moderna

- 33.1. Historia de los Sistemas Operativos y su Evolución
- 33.2. Unix, Linux y el Mundo del Software Libre
- 33.3. Windows y macOS: Innovación y Estándares Comerciales

1. Impacto en la Carrera de Programador: Videojuegos y Sistemas Operativos

- 34.1. Lenguajes, Librerías y Patrones que Nacieron en Videojuegos
- 34.2. Cómo los Sistemas Operativos Ampliaron el Rol del Programador
- 34.3. Especialización en Desarrollo de Videojuegos y Sistemas: Carreras en Crecimiento

Parte 9: Innovación Continua y la Carrera del Programador en el Futuro

1. Las Nuevas Tendencias en Programación: IA, Blockchain, Realidad Aumentada

- 35.1. IA y Aprendizaje Automático: Nuevas Oportunidades y Desafíos
- 35.2. Blockchain y la Evolución de la Programación para la Seguridad

1. Cómo Adaptarse al Cambio: Innovación Continua y Aprendizaje Constante
2. Consideraciones Éticas y Sociales en el Desarrollo de Tecnología Avanzada

Parte 1: Fundamentos de la Programación y su Historia

Introducción: Qué es la Programación y Por Qué Importa

La programación es el arte de darle instrucciones a una computadora para que realice una serie de tareas específicas. Aunque para muchos puede parecer un proceso complejo y reservado a los expertos, la realidad es que la programación es, en su esencia, una herramienta poderosa que permite convertir ideas en realidad a través de la tecnología. Desde enviar un mensaje de texto hasta gestionar la información de grandes empresas, la programación es la clave que impulsa nuestro mundo moderno.

¿Por qué es importante la programación? En pocas palabras, porque está en todas partes. Vivimos rodeados de dispositivos y sistemas que operan gracias a programas: desde el software que controla el funcionamiento de nuestros teléfonos hasta los algoritmos que nos recomiendan contenido en redes sociales. Entender la programación no solo nos permite desmitificar el funcionamiento de estas tecnologías, sino que nos abre la puerta a ser creadores activos, a participar en la construcción de soluciones innovadoras y a comprender mejor el entorno digital en el que vivimos.

La programación también es fundamental en la era de la información. A medida que las tecnologías avanzan, la capacidad de adaptarse a nuevos lenguajes de programación y aprender sus principios se vuelve una habilidad imprescindible. Este conocimiento nos capacita para entender cómo se comunican las máquinas, cómo funcionan los programas que utilizamos y, quizás lo más importante, cómo podemos utilizar la tecnología para mejorar nuestro mundo.

La Historia de la Programación: Desde el Ábaco a los Computadores Modernos

La historia de la programación no comenzó con computadoras, sino con herramientas que permitían hacer cálculos de forma más eficiente. El ábaco, uno de los primeros dispositivos de cálculo de la historia, surgió hace miles de años como un método para contar y hacer operaciones matemáticas. A medida que la humanidad avanzó, la necesidad de crear máquinas más complejas se hizo evidente. Estas máquinas serían el antecedente de lo que conocemos hoy como computadoras.

El verdadero salto ocurrió en el siglo XIX, cuando el matemático e inventor británico Charles Babbage diseñó lo que sería la primera computadora mecánica de la historia: la **Máquina Analítica**. Aunque Babbage no logró construir su máquina en vida debido a limitaciones tecnológicas, su diseño incluía conceptos revolucionarios, como el uso de tarjetas perforadas para programar instrucciones y una "memoria" para almacenar datos. La visión de Babbage sentó las bases para el desarrollo de la programación tal como la conocemos.

2.1. Primera Computadora: La Máquina Analítica de Babbage

La Máquina Analítica de Charles Babbage es considerada la primera computadora conceptual de la historia. Su diseño incluía componentes que todavía son fundamentales en las computadoras modernas: una unidad de control, una memoria, un procesador y la capacidad de programar instrucciones mediante tarjetas perforadas. Babbage imaginó una máquina capaz de realizar cálculos complejos automáticamente y de almacenar información, un avance impresionante para su época.

Aunque Babbage nunca construyó su Máquina Analítica, sus planos y teorías inspiraron a futuros científicos e ingenieros. La Máquina Analítica fue más que un diseño: fue un concepto que demostró que era posible programar una máquina para realizar diferentes tareas, no solo las calculadoras básicas. Con ella, se introdujo la idea de que una máquina podía "pensar" en cierto sentido, al ejecutar instrucciones complejas predefinidas.

2.2. Cómo Se Programaban las Primeras Máquinas

Antes de la invención de los lenguajes de programación, las máquinas primitivas se programaban manualmente. Esto implicaba que los operadores, en muchos casos, usaran paneles con interruptores para representar las instrucciones que la máquina debía seguir. Cada cambio de posición en un interruptor representaba un bit (un 1 o un 0), y la combinación de estos bits formaba las instrucciones. La programación era un proceso físico, en el que se conectaban y desconectaban cables para cambiar la lógica de la máquina.

En las primeras computadoras electrónicas, el proceso evolucionó a través de tarjetas perforadas. Cada tarjeta contenía un conjunto de perforaciones que representaban una instrucción o un dato. Los operadores introducían las tarjetas en la máquina, y esta "leía" las perforaciones para ejecutar los comandos correspondientes. Aunque rudimentario, este sistema fue crucial para el desarrollo de la programación, ya que permitía que las máquinas ejecutaran secuencias de instrucciones más complejas y automáticas.

2.3. De los Tableros de Control a los Lenguajes de Programación

Con el tiempo, la programación evolucionó desde un sistema de tableros de control físicos hacia el uso de lenguajes específicos. Los primeros lenguajes de programación, como el ensamblador, permitieron que los programadores escribieran instrucciones en códigos más fáciles de interpretar que los interruptores y cables. Esto facilitó la creación de programas más largos y complejos.

La introducción de lenguajes de alto nivel, como COBOL y FORTRAN, representó un salto revolucionario. Por primera vez, los programadores podían escribir instrucciones en un lenguaje más cercano al humano, lo cual hacía el proceso de programación mucho más accesible y eficiente. Estos lenguajes dieron origen a una nueva era de innovación, que permitiría el desarrollo de sistemas operativos, aplicaciones de negocio, y la industria de la programación tal como la conocemos.

Analogía entre Engranajes y Funciones: Cómo se Conectan las Piezas en la Programación

Podemos imaginar la programación como una gran máquina de engranajes, donde cada engranaje representa una función o una tarea específica. Al igual que en un reloj antiguo, cada engranaje en la programación se conecta con otros para realizar una función específica dentro del sistema. Las funciones en un programa son como engranajes individuales: cada una cumple un propósito específico, y al trabajar en conjunto, permiten que el sistema funcione de forma fluida y organizada.

Las funciones, como los engranajes, pueden ser reutilizadas, ajustadas o combinadas con otras para lograr el resultado deseado. De esta manera, la programación no es una serie de comandos aislados, sino un conjunto interconectado de instrucciones que funcionan en armonía. Así como un reloj no puede funcionar sin engranajes, un programa no puede funcionar sin funciones bien estructuradas y organizadas.

Primeros Lenguajes de Programación y su Evolución

Con la aparición de las primeras computadoras digitales, surgió también la necesidad de desarrollar lenguajes de programación que facilitaran el trabajo de los programadores. Los primeros lenguajes de alto nivel fueron diseñados para ayudar en áreas específicas, como los negocios y la ciencia. Cada lenguaje tenía su enfoque, sus peculiaridades y su conjunto de herramientas.

4.1. COBOL y FORTRAN

COBOL, diseñado en 1959, fue uno de los primeros lenguajes de programación orientados a los negocios. Su estructura se asemeja al lenguaje humano, lo que facilita la escritura y lectura del código. Por otro lado, FORTRAN, creado en la década de 1950, fue el primer lenguaje de alto nivel utilizado para cálculos científicos y de ingeniería. Ambos lenguajes jugaron un papel crucial en el desarrollo de sistemas en sus respectivas áreas y se consideran pilares de la programación moderna.

4.2. C y el Paradigma de Programación Estructurada

El lenguaje C, desarrollado en los años 70, introdujo el paradigma de programación estructurada. Este enfoque permitió dividir los programas en bloques lógicos, lo cual mejoró significativamente la organización y mantenimiento del código. C también se convirtió en el lenguaje base para el desarrollo de sistemas operativos y aplicaciones, y su estructura sirvió como inspiración para muchos otros lenguajes.

4.3. Java, Python y el Enfoque Orientado a Objetos

Java y Python, desarrollados en los años 90, representaron una nueva era en la programación al introducir el paradigma orientado a objetos. Este enfoque permitió que los programadores organizaran el código en "objetos" que representan entidades del mundo real, facilitando el diseño de sistemas complejos. Java se convirtió en el estándar para aplicaciones empresariales, mientras que Python ganó popularidad por su simplicidad y versatilidad, siendo usado en una amplia gama de aplicaciones, desde desarrollo web hasta inteligencia artificial.

Esta primera parte sienta las bases para comprender cómo ha evolucionado la programación y nos permite apreciar la diversidad de herramientas y enfoques que existen hoy en día. Con un marco histórico y conceptual, los lectores estarán mejor preparados para adentrarse en los aspectos técnicos que siguen.

Parte 2: Fundamentos Comunes en Cualquier Lenguaje

Variables y Tipos de Datos

Las variables son uno de los conceptos fundamentales en cualquier lenguaje de programación. Son espacios en la memoria que almacenan valores que el programa puede utilizar y modificar a lo largo de su ejecución. Al pensar en una variable, podemos imaginarla como una caja en la que guardamos un valor. Esta caja tiene un nombre, que es el que usaremos para referirnos a su contenido. Al crear una variable, le decimos al programa que reserve un espacio específico para almacenar información, y esa información puede ser de distintos tipos.

Cada lenguaje de programación define diferentes tipos de datos, y estos tipos especifican el tipo de valor que una variable puede almacenar. Los tipos de datos son importantes porque ayudan a la computadora a entender cómo debe manejar y manipular la información almacenada. Por ejemplo, los números pueden usarse en cálculos matemáticos, mientras que las cadenas de texto (o "strings") son secuencias de caracteres, como palabras o frases, que requieren un tratamiento diferente.

5.1. Números, Cadenas, Booleanos y Otros

Números: Los números son uno de los tipos de datos más comunes y pueden dividirse en enteros y números de punto flotante. Los **enteros** son números sin decimales, como 5 o -2, mientras que los **números de punto flotante** (o "float" en algunos lenguajes) permiten valores con decimales, como 3.14 o -0.001. Estos tipos se utilizan en cálculos matemáticos y operaciones lógicas, y cada uno tiene reglas propias para su uso.

Cadenas de Texto (Strings): Una cadena es una secuencia de caracteres, como palabras, frases, o incluso una combinación de letras, números y símbolos. Las cadenas son fundamentales para interactuar con los usuarios y mostrar mensajes en la pantalla. En la mayoría de los lenguajes, las cadenas se definen entre comillas, ya sean simples (' ') o dobles (" "), dependiendo del lenguaje y las preferencias del programador.

Booleanos: Los datos booleanos son aquellos que solo pueden tener dos valores: **verdadero** o **falso**. Estos valores, también conocidos como `true` y `false` en muchos lenguajes, son esenciales para tomar decisiones en el programa. Por ejemplo, si queremos comprobar si un número es mayor que otro, la comparación producirá un valor booleano (`true` o `false`), lo cual nos permite realizar acciones específicas basadas en el resultado.

Otros Tipos de Datos: Además de los tipos mencionados, muchos lenguajes de programación incluyen otros tipos de datos, como:

- **Arrays o Arreglos**: Son colecciones de valores, como una lista de números o palabras, que se almacenan bajo un solo nombre y se pueden acceder individualmente mediante un índice.
- **Objetos**: En lenguajes orientados a objetos, un objeto es una estructura que agrupa datos y funciones en una sola entidad. Un objeto representa una entidad del mundo real, con propiedades y comportamientos.
- **Null o Nulo**: Es un tipo especial que indica la ausencia de un valor. Cuando una variable tiene un valor `null`, significa que está vacía o sin datos específicos asignados.

Operadores y Expresiones

Los operadores son símbolos o palabras que realizan operaciones sobre uno o varios valores (también llamados operandos) y devuelven un resultado. Las expresiones son combinaciones de variables, valores y operadores que se evalúan para obtener un resultado. Los operadores son esenciales en cualquier lenguaje de programación, ya que nos permiten manipular datos y realizar cálculos.

Los lenguajes de programación suelen tener varios tipos de operadores, entre los que se destacan los operadores aritméticos, lógicos y de comparación. Estos operadores facilitan la realización de cálculos matemáticos, la comparación de valores y la construcción de expresiones complejas, lo cual es crucial para el flujo y la toma de decisiones en un programa.

6.1. Aritméticos, Lógicos y de Comparación

Operadores Aritméticos: Estos operadores se utilizan para realizar operaciones matemáticas básicas. Son los operadores más comunes y se aplican a valores numéricos para obtener un nuevo valor. Los operadores aritméticos básicos incluyen:

- **Suma (+)**: Realiza la adición de dos números.
- **Resta (-)**: Resta un número de otro.
- **Multiplicación (*)**: Multiplica dos números.
- **División (/)**: Divide un número entre otro. En algunos lenguajes, la división entre enteros devuelve un entero, mientras que otros devuelven un número de punto flotante.
- **Módulo (%)**: Devuelve el residuo de una división. Por ejemplo, `7 % 3` da `1`, porque 7 dividido entre 3 deja un residuo de 1.

Operadores de Comparación: Estos operadores comparan dos valores y devuelven un resultado booleano (`true o false`). Son fundamentales para la toma de decisiones y se usan para evaluar condiciones. Algunos operadores de comparación comunes son:

- **Igual a (==)**: Comprueba si dos valores son iguales.
- **Diferente de (!=)**: Verifica si dos valores no son iguales.
- **Mayor que (>)**: Comprueba si un valor es mayor que otro.
- **Menor que (<)**: Verifica si un valor es menor que otro.
- **Mayor o igual que (>=)**: Comprueba si un valor es mayor o igual a otro.
- **Menor o igual que (<=)**: Verifica si un valor es menor o igual a otro.

Operadores Lógicos: Los operadores lógicos permiten combinar múltiples condiciones o valores booleanos para formar expresiones más complejas. Estos operadores son esenciales en la programación, ya que nos ayudan a establecer condiciones compuestas para tomar decisiones. Los operadores lógicos más comunes incluyen:

- **AND (&& o y)**: Devuelve `true` solo si ambas condiciones son verdaderas. Por ejemplo, `(5 > 3) && (8 > 6)` devolverá `true`.
- **OR (|| o o)**: Devuelve `true` si al menos una de las condiciones es verdadera. Por ejemplo, `(5 > 10) || (3 < 6)` devolverá `true`.

- **NOT (!) o `no`**: Invierte el valor de una condición. Si la condición es `true`, `!` la convertirá en `false`, y viceversa.

La combinación de estos operadores permite al programador crear expresiones sofisticadas que dan al programa la capacidad de evaluar condiciones complejas, realizar cálculos y controlar el flujo de la aplicación. Por ejemplo, al utilizar operadores lógicos y de comparación juntos, podemos crear condiciones como `((edad >= 18) && (ciudad == "Buenos Aires"))`, que evaluará si una persona es mayor de edad y vive en Buenos Aires.

Con estos fundamentos —variables, tipos de datos, operadores y expresiones— hemos cubierto los elementos esenciales que comparten todos los lenguajes de programación. Comprenderlos a fondo permitirá a los lectores sentirse cómodos con la sintaxis y lógica de cualquier lenguaje que decidan aprender. En las próximas secciones, profundizaremos en otras herramientas y conceptos que refuerzan el poder de estos fundamentos y amplían la versatilidad del programador.

Parte 3: Cómo Aprender un Nuevo Lenguaje de Programación

Investigación Inicial: Qué Buscar Antes de Empezar

Aprender un nuevo lenguaje de programación puede parecer abrumador al principio, pero una investigación inicial adecuada permite simplificar el proceso. Esta etapa es fundamental para obtener una comprensión general del lenguaje, sus aplicaciones y la manera en que encaja en el ecosistema de herramientas y tecnologías actuales. Conocer los recursos disponibles, la documentación oficial y la comunidad de apoyo facilita un aprendizaje estructurado y eficiente.

Antes de sumergirse en el código, es importante plantearse algunas preguntas: ¿Para qué se usa comúnmente este lenguaje? ¿Cuáles son sus ventajas y limitaciones? ¿Qué herramientas se necesitan para empezar a programar en él? Tener respuestas a estas preguntas no solo aclara el propósito del lenguaje, sino que ayuda a planificar el aprendizaje de manera efectiva.

10.1. Documentación Oficial y Recursos Confiables

La documentación oficial de un lenguaje de programación es el recurso más confiable y completo. Creada y mantenida por los desarrolladores o la comunidad oficial, la documentación es una guía que cubre desde la instalación hasta los aspectos avanzados. Para un principiante, la documentación puede parecer abrumadora, pero es esencial aprender a navegarla, ya que será una herramienta de consulta constante.

Además de la documentación oficial, existen otros recursos confiables como cursos, libros y tutoriales. Al elegir recursos adicionales, es importante verificar la credibilidad de los autores y su actualización, ya que los lenguajes evolucionan rápidamente. Buscar recursos recomendados por la comunidad y versiones revisadas recientemente asegura que el contenido sea relevante y preciso.

10.2. Comunidades y Foros

Las comunidades de programación y los foros en línea son fuentes invaluables de apoyo. Desde los más principiantes hasta los expertos recurren a estos espacios para hacer preguntas, resolver dudas y compartir sus conocimientos. En la mayoría de los lenguajes, existen foros y grupos específicos, tanto en redes sociales como en plataformas especializadas como Stack Overflow, Reddit, y GitHub.

Participar en una comunidad permite aprender de la experiencia de otros y recibir ayuda cuando se enfrenta algún obstáculo. Además, la interacción en estas comunidades fomenta un aprendizaje activo, ya que muchos principiantes encuentran valioso leer las preguntas y respuestas de otros. Algunas comunidades incluso organizan eventos en línea, como seminarios web o desafíos de programación, que permiten practicar y aprender junto a otros.

Instalación de Herramientas y Entorno de Desarrollo

Para comenzar a programar, es fundamental instalar el entorno de desarrollo adecuado para el lenguaje que se desea aprender. Cada lenguaje tiene su propio conjunto de herramientas, y familiarizarse con ellas al inicio hace que el proceso de aprendizaje sea más fluido.

Un entorno de desarrollo típico incluye un editor de código o un entorno de desarrollo integrado (IDE) y, en algunos casos, un compilador o intérprete. Los editores de texto como Visual Studio Code, Atom, o Sublime Text son populares y suelen ser compatibles con múltiples lenguajes. Sin embargo, algunos lenguajes tienen IDE específicos que ofrecen características avanzadas, como depuración y autocompletado, que facilitan el aprendizaje.

Algunos lenguajes también requieren instalar dependencias adicionales o configurar el sistema para que reconozca el lenguaje. Este paso puede variar de un lenguaje a otro, por lo que es importante seguir cuidadosamente las instrucciones de instalación, que usualmente se encuentran en la documentación oficial.

El Primer Programa en Cualquier Lenguaje: "Hola Mundo"

El primer programa que la mayoría de los programadores escriben al aprender un nuevo lenguaje es "Hola Mundo". Este programa simple tiene un solo propósito: mostrar el mensaje "Hola Mundo" en la pantalla. Aunque parece una tarea sencilla, escribir este programa permite comprobar que el entorno de desarrollo está funcionando correctamente y ofrece una primera introducción a la sintaxis del lenguaje.

El proceso de escribir "Hola Mundo" es similar en la mayoría de los lenguajes, pero varía en su estructura y sintaxis, lo que permite ver las características únicas de cada lenguaje. Al ejecutar este programa básico, los principiantes pueden entender cómo el lenguaje organiza las instrucciones y cómo se muestra el resultado en la pantalla. Además, es un primer logro que da confianza para continuar con programas más complejos.

Entender la Sintaxis y el Estilo de un Lenguaje

Cada lenguaje de programación tiene su propia sintaxis y estilo, es decir, la manera en que se estructuran y organizan las instrucciones. La sintaxis abarca desde la forma en que se declaran las variables y funciones hasta la manera en que se agrupan las instrucciones en bloques de código. Entender esta estructura es fundamental, ya que un error de sintaxis, aunque sea mínimo, puede hacer que el programa no funcione.

Además de la sintaxis, cada lenguaje tiene su estilo propio, que dicta ciertas convenciones de escritura. Por ejemplo, algunos lenguajes requieren el uso de punto y coma al final de cada línea, mientras que otros omiten este requisito. También hay convenciones sobre el uso de mayúsculas y minúsculas, el espaciado, y el formato de nombres de variables y funciones. Familiarizarse con el estilo del lenguaje permite escribir código más limpio y fácil de leer, lo cual es especialmente útil al trabajar en equipo o al revisar el código en el futuro.

Cómo Identificar las Diferencias Clave entre Lenguajes

Al aprender un nuevo lenguaje, es común notar tanto similitudes como diferencias con otros lenguajes. Identificar estas diferencias es clave para adaptarse rápidamente. Algunos lenguajes, por ejemplo, son interpretados (como Python y JavaScript), lo que significa que el código se ejecuta línea por línea; otros, como C y C++, son compilados, es decir, requieren convertir el código en un archivo ejecutable antes de que funcione.

Otra diferencia importante está en el paradigma de programación. Algunos lenguajes son orientados a objetos (como Java y Python), mientras que otros se centran en la programación funcional o procedural. Cada paradigma representa una manera diferente de estructurar el código y resolver problemas, y entender estas distinciones amplía la capacidad de elegir el lenguaje adecuado para cada proyecto.

Comparar cómo cada lenguaje maneja temas como la memoria, la gestión de errores y las bibliotecas o librerías disponibles permite ver cuál es el más adecuado para el tipo de aplicación que se desea desarrollar. Con el tiempo, aprender a identificar estas diferencias facilita la transición entre lenguajes y ayuda a construir un enfoque flexible que puede aplicarse a cualquier proyecto de programación.

Esta tercera parte de la guía proporciona las bases para abordar el aprendizaje de un nuevo lenguaje de programación de manera organizada y efectiva. Con una sólida investigación inicial, un entorno de desarrollo adecuado, y una comprensión básica de la sintaxis y estilo del lenguaje, el lector estará preparado para avanzar hacia la creación de proyectos y explorar las aplicaciones prácticas de la programación en cualquier campo.

Parte 4: Construyendo un Proyecto desde Cero

Crear un Plan de Proyecto: De la Idea al Código

Construir un proyecto de programación desde cero puede parecer intimidante al principio, pero al dividir el proceso en etapas, se vuelve mucho más manejable y gratificante. Un plan de proyecto bien estructurado permite definir el propósito, las características y los pasos necesarios para llevar una idea a la realidad. La planificación no solo organiza el proceso, sino que ayuda a evitar errores y obstáculos imprevistos.

El primer paso es definir claramente el **objetivo del proyecto**: ¿Qué función cumplirá? ¿Qué problema resolverá? Por ejemplo, al construir una calculadora básica, el objetivo es permitir que el usuario realice operaciones aritméticas simples. Para un generador de contraseñas, el objetivo es crear una herramienta que genere contraseñas seguras. Definir estos objetivos ayuda a enfocar el desarrollo.

Luego, se realiza una **lista de requisitos** donde se incluyen todas las funciones que el proyecto necesita para cumplir su propósito. En el caso de una calculadora, estos requisitos podrían ser la capacidad de sumar, restar, multiplicar y dividir. Con el objetivo y los requisitos definidos, el siguiente paso es **diseñar la estructura del programa**, lo que implica decidir cómo se organizará el código y cómo interactuarán las diferentes partes.

Finalmente, al contar con un plan detallado, el programador está listo para escribir el código. Este enfoque de planificación paso a paso es esencial, ya que permite construir incluso proyectos complejos de una manera ordenada y efectiva.

15.1. Proyectos Básicos para Principiantes

Para aquellos que se inician en la programación, comenzar con proyectos básicos es una excelente manera de aplicar los conceptos fundamentales mientras se gana confianza. Aquí hay algunas ideas de proyectos simples que se pueden desarrollar con conocimientos básicos de programación:

- **Calculadora Básica**: Permite al usuario realizar operaciones matemáticas simples.
- **Generador de Contraseñas**: Crea contraseñas aleatorias con una combinación de letras, números y símbolos.
- **Juego de Piedra, Papel o Tijera**: Una versión simple de este clásico juego con un sistema que elige una opción al azar para competir contra el jugador.

Estos proyectos no solo son didácticos, sino que permiten a los principiantes familiarizarse con la lógica de programación, el flujo de datos y la estructura de los programas. Cada proyecto puede desarrollarse con un lenguaje básico y luego expandirse con funcionalidades adicionales, ofreciendo una experiencia de aprendizaje progresiva.

Desarrollando una Calculadora Básica

Una calculadora es un proyecto inicial perfecto porque abarca los elementos esenciales de la programación: **entrada y salida de datos**, **operaciones matemáticas** y **validación de errores**. Este proyecto permite a los programadores practicar la creación de funciones y la interacción con el usuario de una manera simple pero significativa.

16.1. Entrada y Salida de Datos

La entrada y salida de datos son procesos fundamentales en cualquier programa. La **entrada de datos** implica recibir información del usuario, mientras que la **salida de datos** implica mostrar los resultados o mensajes. En una calculadora, la entrada de datos es la operación aritmética que el usuario desea realizar, como sumar o multiplicar. La salida es el resultado de esa operación.

Para programar la entrada y salida, primero se debe solicitar al usuario que ingrese dos números y seleccione la operación que desea realizar. Luego, el programa procesa estos datos y muestra el resultado. Este flujo básico es esencial para entender cómo se comunican los programas con el usuario y cómo los datos se transfieren y transforman en el proceso.

16.2. Validación de Errores

La validación de errores asegura que el programa funcione sin problemas y maneje cualquier entrada inesperada. En una calculadora, es importante verificar que el usuario haya ingresado números válidos y que no intente operaciones incorrectas, como dividir entre cero.

Implementar validación de errores significa añadir instrucciones que verifiquen la entrada del usuario y respondan con un mensaje de advertencia si los datos no son adecuados. Por ejemplo, si el usuario intenta ingresar letras en lugar de números, el programa debe mostrar un mensaje de error e invitarlo a ingresar un número válido. La validación ayuda a crear programas más seguros y estables, y es una habilidad que se aplica en prácticamente cualquier proyecto de programación.

Crear un Generador de Contraseñas

Un generador de contraseñas es otro proyecto básico que introduce el concepto de **aleatoriedad** y permite practicar la manipulación de caracteres. El objetivo es generar una contraseña segura y al azar, compuesta por una combinación de letras mayúsculas, minúsculas, números y símbolos.

El primer paso es definir el conjunto de caracteres que se usará en la contraseña. Este conjunto debe incluir letras, números y símbolos para que la contraseña sea fuerte. Luego, el programa selecciona al azar varios caracteres del conjunto y los combina para formar una contraseña. El programador puede definir la longitud de la contraseña y permitir al usuario elegir cuántos caracteres debe tener. Este proyecto permite familiarizarse con la generación de números o caracteres aleatorios y la manipulación de cadenas de texto.

Hacer un Juego Simple: Piedra, Papel o Tijera

Crear un juego de "Piedra, Papel o Tijera" es un ejercicio divertido que introduce la **lógica condicional** y la **aleatoriedad** en programación. Este juego se basa en las reglas sencillas de piedra (que vence a tijera), papel (que vence a piedra) y tijera (que vence a papel). La idea es permitir que el usuario elija una opción y que el programa seleccione otra al azar, luego compararlas para determinar quién gana.

Primero, el programa solicita al usuario que elija entre piedra, papel o tijera. Luego, el programa genera una opción al azar para competir contra el usuario. Finalmente, compara ambas elecciones y determina el resultado: victoria, derrota o empate. Este tipo de proyecto permite practicar la estructura condicional `if-else` y la generación de valores aleatorios, dos habilidades clave en programación.

18.1. Añadir Inteligencia Artificial Básica

Para hacer el juego más interesante, se puede añadir una inteligencia artificial básica que intente predecir o adaptarse a las elecciones del jugador. Aunque este es un nivel más avanzado, implementar una IA simple en este contexto es una excelente introducción a la programación de decisiones más complejas.

Por ejemplo, el programa podría analizar el historial de elecciones del jugador y tratar de anticipar su próxima elección, basándose en patrones o en la probabilidad de que repita una opción. La adición de IA permite introducir al estudiante en conceptos como **análisis de patrones** y **toma de decisiones**

automatizada, que son fundamentales en el desarrollo de inteligencia artificial más avanzada.

Estos proyectos básicos, aunque simples, representan una excelente introducción al mundo de la programación, ya que abarcan desde la lógica condicional hasta la manipulación de datos y la generación de valores aleatorios. Cada proyecto ofrece la oportunidad de explorar conceptos esenciales y de mejorar las habilidades de programación en un entorno controlado, donde se puede aprender sin temor a cometer errores. Además, los proyectos se pueden expandir, añadiendo nuevas funciones y complejidad, lo cual permite al principiante ver su propio progreso y ganar confianza.

Parte 5: Recursos y Prácticas de Estudio

Cómo Leer y Usar Documentación Técnica

La documentación técnica es el pilar sobre el cual se construye el conocimiento en cualquier lenguaje de programación o tecnología. Aprender a leer y utilizar la documentación es una habilidad esencial que permite al programador comprender el funcionamiento de una herramienta, librería o lenguaje, y resolver problemas por cuenta propia. La documentación es una guía detallada creada y mantenida por los desarrolladores o la comunidad, y cubre desde los conceptos básicos hasta las funciones avanzadas.

Al comenzar con un nuevo lenguaje, es útil familiarizarse con la estructura de la documentación, ya que suele incluir una introducción, ejemplos, referencias a funciones y módulos, y en muchos casos, un índice detallado para facilitar la navegación. La documentación técnica puede parecer abrumadora al principio, pero es el recurso más confiable y completo que existe, ya que está constantemente actualizada y aborda las características más recientes de la tecnología.

Un buen método para abordar la documentación es comenzar con los conceptos básicos, como la sintaxis y las funciones más comunes, y luego explorar temas más avanzados a medida que se ganan habilidades y confianza. Utilizar ejemplos de la documentación, experimentar con el código proporcionado y leer la sección de preguntas frecuentes ayuda a comprender cómo resolver problemas específicos. La capacidad de leer documentación técnica es una ventaja invaluable que acelera el aprendizaje y permite resolver dudas sin necesidad de recurrir a otras fuentes.

Recursos de Aprendizaje: Libros, Cursos, Videos y Ejercicios

Existen numerosos recursos de aprendizaje que pueden complementar la documentación oficial. Estos recursos incluyen libros especializados, cursos en línea, videos tutoriales y ejercicios prácticos, cada uno con sus propias ventajas. Los libros suelen ofrecer una estructura más detallada y profunda de los temas, lo que es ideal para aquellos que buscan una comprensión completa. Por otro lado, los cursos en línea suelen incluir proyectos prácticos y evaluaciones que ayudan a reforzar lo aprendido de forma activa.

Los videos tutoriales son útiles para aquellos que prefieren un enfoque visual, ya que permiten ver el proceso de programación en tiempo real. Estos recursos ofrecen una guía paso a paso y suelen estar orientados a principiantes. Los ejercicios prácticos, por otro lado, son una excelente manera de poner en práctica los conocimientos, y muchas plataformas como LeetCode, HackerRank y Codewars ofrecen desafíos específicos para mejorar las habilidades de programación.

Al elegir recursos de aprendizaje, es importante buscar fuentes confiables y actualizadas, ya que los lenguajes de programación y las herramientas evolucionan constantemente. Además, muchos recursos incluyen comunidades de apoyo, donde los estudiantes pueden hacer preguntas y recibir ayuda, lo cual facilita el proceso de aprendizaje.

Práctica Regular y la Importancia de los Retos de Programación

La programación es una habilidad que se fortalece con la práctica constante. La teoría es importante, pero la práctica es lo que permite internalizar los conceptos y enfrentarse a problemas reales. La práctica regular ayuda a mejorar la lógica y a entender cómo se aplican las estructuras y algoritmos en situaciones concretas. Además, practicar de manera constante ayuda a desarrollar la capacidad de resolver problemas de manera creativa y eficiente.

Los retos de programación son una forma divertida y desafiante de practicar. Estos retos suelen presentar problemas específicos que requieren encontrar soluciones mediante el uso de diferentes técnicas y estructuras de datos. Participar en estos desafíos permite explorar conceptos avanzados, mejorar la capacidad de análisis y ganar confianza en el proceso de resolución de problemas.

Además de ser una excelente herramienta de práctica, los retos de programación fomentan la participación en comunidades en línea y competiciones, lo que permite recibir retroalimentación de otros programadores y aprender de sus soluciones. La práctica regular y los retos de programación son esenciales para perfeccionar las habilidades y prepararse para proyectos y desafíos más grandes.

Proyectos de Código Abierto: Cómo Aprender Colaborando

El código abierto es un movimiento que promueve la colaboración y el intercambio de conocimientos al permitir que el código fuente de los proyectos esté disponible para que cualquiera lo estudie, mejore y adapte. Participar en proyectos de código abierto es una de las mejores maneras de aprender, ya que permite trabajar en equipo, colaborar con programadores experimentados y enfrentarse a problemas reales.

Contribuir a proyectos de código abierto ofrece la oportunidad de ver cómo los desarrolladores estructuran y documentan sus proyectos. Además, la participación activa en un proyecto de este tipo permite mejorar habilidades de trabajo en equipo, aprender mejores prácticas de desarrollo y recibir retroalimentación de otros colaboradores. Plataformas como GitHub y GitLab son espacios donde se puede explorar y contribuir a proyectos de código abierto en una amplia variedad de lenguajes y tecnologías.

Para empezar, es útil buscar proyectos que sean adecuados al nivel de habilidad del programador. Muchos proyectos de código abierto etiquetan las tareas según su nivel de dificultad, lo cual facilita encontrar un punto de entrada. La colaboración en proyectos de código abierto no solo fortalece las habilidades técnicas, sino que también crea una red de contactos en la comunidad de programación.

Establecer Rutinas de Estudio y Práctica

Establecer una rutina de estudio y práctica es fundamental para avanzar de manera constante en el aprendizaje de la programación. La programación requiere dedicación y, como cualquier otra habilidad, mejora con la práctica continua y estructurada. Al establecer una rutina, es importante definir objetivos claros y alcanzables, como aprender un concepto nuevo cada semana o resolver un número determinado de retos de programación.

Dividir el tiempo entre teoría y práctica permite asimilar conceptos y aplicarlos de inmediato. Dedicar un tiempo específico cada día o cada semana para practicar, leer documentación, o participar en proyectos de código abierto ayuda a consolidar el conocimiento y a evitar la procrastinación. Las metas a corto plazo, como completar un ejercicio diario, y las metas a largo plazo, como dominar un lenguaje específico, ayudan a mantener la motivación y el enfoque.

Además, es importante hacer pausas para revisar el progreso y ajustar la rutina según sea necesario. La consistencia es clave para el aprendizaje efectivo, y una rutina bien planificada asegura que el estudiante avance de manera firme hacia sus objetivos. Con el tiempo, una buena rutina de estudio se convierte en un hábito que facilita el crecimiento continuo en la programación.

Esta quinta parte de la guía se enfoca en el valor de los recursos y prácticas de estudio para mejorar y consolidar las habilidades de programación. La programación es un proceso de aprendizaje continuo, y saber cómo utilizar la documentación, elegir recursos de aprendizaje adecuados, practicar de manera regular y colaborar en proyectos es esencial para progresar en este campo. Establecer una rutina sólida permitirá a los estudiantes y profesionales crecer de manera constante y enfrentar nuevos desafíos con confianza.

Parte 6: El Futuro de la Programación y el Rol Humano

El Futuro del Trabajo en Programación

La programación, una habilidad que ha transformado la tecnología y nuestras vidas cotidianas, está destinada a continuar evolucionando de formas sorprendentes en el futuro. El trabajo en programación se está ampliando hacia nuevas áreas, como el desarrollo de sistemas autónomos, la inteligencia artificial, la realidad aumentada, y la computación cuántica. Estos avances requieren un conocimiento profundo de programación y de habilidades relacionadas, como la capacidad de adaptarse a nuevas tecnologías y entender sistemas complejos.

En los próximos años, el papel del programador se extenderá más allá del desarrollo de aplicaciones. Los programadores no solo construirán sistemas, sino que también serán responsables de gestionarlos, actualizarlos y mejorarlos a medida que la tecnología avanza. Además, la programación se integrará cada vez más en industrias como la medicina, la agricultura, y la educación, lo que generará una demanda de programadores especializados en áreas técnicas y de dominio específico.

A medida que la tecnología se vuelve más accesible y la programación más enseñada, el número de personas capaces de programar seguirá creciendo. Sin embargo, esta democratización no elimina la necesidad de expertos. Las industrias emergentes y las demandas cambiantes del mercado aseguraran que los programadores continúen siendo una pieza clave en el desarrollo de la economía global, tanto en el ámbito empresarial como en proyectos de impacto social y sostenibilidad.

¿Qué Significa Programar en la Era de la Inteligencia Artificial?

La inteligencia artificial (IA) está cambiando la programación de maneras fundamentales. Mientras que en el pasado los programadores desarrollaban cada línea de código para que las computadoras realizaran tareas específicas, la IA permite que las máquinas aprendan y tomen decisiones de manera autónoma. Esta capacidad de aprendizaje abre nuevas oportunidades para la programación, pero también plantea desafíos únicos.

La programación en la era de la IA significa trabajar con modelos y algoritmos que pueden adaptarse y evolucionar sin intervención humana constante. Los programadores ahora deben entender cómo construir y entrenar modelos de IA, lo cual implica habilidades adicionales en matemáticas, estadística, y análisis de datos. Además, la IA está siendo utilizada para crear herramientas que ayudan a los programadores en su trabajo, automatizando tareas repetitivas y sugiriendo código, lo cual acelera el desarrollo y permite centrarse en problemas más complejos.

Sin embargo, la IA también plantea preguntas profundas sobre el papel de los programadores en el futuro. A medida que las máquinas se vuelven capaces de crear código de manera autónoma, el rol del programador podría transformarse, pasando de escribir código a diseñar sistemas que permitan a las máquinas aprender y mejorarse a sí mismas. Este cambio requiere que los programadores desarrollen habilidades críticas y de análisis ético, ya que las decisiones tomadas en la programación de IA afectan directamente a la sociedad y a los valores que deseamos preservar.

El Rol de los Humanos y las Computadoras en el Futuro Cercano

En un futuro donde las computadoras y la inteligencia artificial continúen evolucionando, los humanos y las máquinas desempeñarán roles complementarios. Las computadoras son extremadamente eficientes en el procesamiento de grandes cantidades de datos y en realizar tareas repetitivas o de alta precisión, mientras que los humanos sobresalen en creatividad, intuición, y resolución de problemas complejos y abstractos.

Los programadores del futuro tendrán la capacidad de diseñar sistemas híbridos que aprovechen lo mejor de ambos mundos. Por ejemplo, las computadoras pueden analizar millones de datos para encontrar patrones que los humanos no pueden ver a simple vista, mientras que los humanos pueden interpretar esos patrones y tomar decisiones informadas basadas en contexto y ética. Este tipo de colaboración aumentará la eficiencia en áreas como la medicina, la ciencia y la ingeniería, creando sistemas que beneficien a la humanidad de maneras que aún estamos empezando a comprender.

Este rol complementario entre humanos y computadoras también enfatiza la necesidad de habilidades que van más allá de la programación técnica. Los programadores y desarrolladores deberán ser capaces de entender el impacto social de sus creaciones, comunicarse con expertos en otras disciplinas y adaptarse a un entorno laboral donde el trabajo técnico y el trabajo creativo están cada vez más entrelazados.

La Ética de la Programación y el Impacto en la Sociedad

La programación tiene un impacto significativo en la sociedad, ya que influye en las tecnologías que moldean nuestras vidas, economías y estructuras sociales. La ética en programación aborda preguntas sobre cómo se deben diseñar y utilizar las tecnologías, y cuáles son las responsabilidades de los programadores en relación con los usuarios y la sociedad en general. La programación ética es crucial en un mundo donde las decisiones algorítmicas afectan desde los servicios de salud hasta la justicia y la privacidad.

Los programadores deben ser conscientes de los sesgos que pueden infiltrarse en el código, ya que las decisiones que se tomen durante el desarrollo de un sistema pueden tener consecuencias amplias y profundas. En el caso de la inteligencia artificial, por ejemplo, los modelos entrenados con datos sesgados pueden perpetuar injusticias o discriminar a ciertos grupos de personas. Por ello, el desarrollo de tecnologías justas, seguras y equitativas es una responsabilidad que los programadores deben asumir.

Además, la ética de la programación implica tomar en cuenta el uso y abuso de los datos personales. Con el aumento de la vigilancia digital y la recopilación masiva de datos, los programadores se encuentran en una posición única para proteger la privacidad de los usuarios y garantizar que los sistemas respeten los derechos individuales. La transparencia, la responsabilidad y el respeto por los usuarios son principios fundamentales que deben guiar la práctica de la programación.

El impacto de la programación en la sociedad continuará creciendo, y los programadores jugarán un papel esencial en definir los límites y posibilidades de la tecnología. La ética en programación no solo es una elección profesional, sino una responsabilidad con el mundo, ya que las decisiones tecnológicas influyen en el bienestar y la libertad de las personas en una escala sin precedentes.

Con esta última sección, se cierra el viaje hacia la comprensión de los fundamentos, el aprendizaje y el futuro de la programación. Este campo, en constante cambio, continuará transformando nuestra sociedad y el mundo tal como lo conocemos. Equipados con habilidades técnicas, una mentalidad ética y una comprensión del rol humano, los programadores de hoy y del futuro están preparados para crear tecnología que no solo resuelva problemas, sino que también refleje los valores de una sociedad justa y equitativa.

Parte 7: Centros Tecnológicos del Mundo y su Influencia en la Programación

Centros de Innovación: Donde la Tecnología Florece

Los centros tecnológicos del mundo son puntos de convergencia donde el talento, el capital y la innovación se encuentran para impulsar la creación de nuevas tecnologías y aplicaciones. Estos centros, distribuidos en distintas regiones, han moldeado el desarrollo de la programación y las herramientas tecnológicas que usamos hoy en día. En cada uno de estos lugares se encuentran comunidades vibrantes de programadores, emprendedores, inversores y educadores que, juntos, crean un entorno donde la tecnología puede florecer.

Cada uno de estos centros tiene características que los hacen únicos y que aportan diferentes perspectivas al desarrollo de la tecnología. Silicon Valley, por ejemplo, ha sido un líder en la creación de empresas tecnológicas, mientras que Shenzhen se ha convertido en el centro global de manufactura e innovación en hardware. A continuación, exploramos algunos de los centros tecnológicos más importantes y cómo han impactado la programación y el desarrollo de software.

28.1. Silicon Valley: El Epicentro de la Revolución Tecnológica

Silicon Valley, ubicado en California, Estados Unidos, es considerado el epicentro de la innovación tecnológica moderna. Desde la década de 1970, Silicon Valley ha sido el hogar de empresas líderes en tecnología como Apple, Google, Facebook y Tesla, que han marcado la pauta en desarrollo de software, internet, inteligencia artificial y hardware. El espíritu emprendedor y el acceso a fondos de inversión han permitido que miles de startups florezcan en esta región, atrayendo a programadores y talentos de todo el mundo.

Silicon Valley es conocido por su cultura de innovación, donde se valora la experimentación y el aprendizaje rápido. Aquí nacieron lenguajes de programación y frameworks que hoy en día son estándar en la industria. Además, es un lugar que ha visto el nacimiento de metodologías de desarrollo como el "Lean Startup" y el "Agile", que fomentan un enfoque iterativo y adaptable en el desarrollo de software. Silicon Valley no solo ha creado productos innovadores, sino también ha establecido normas y prácticas que se han extendido por el mundo.

28.2. Tel Aviv: El Hub de Startups y Tecnología en Medio Oriente

Tel Aviv, en Israel, es otro importante centro de innovación tecnológica y es conocido como el "Startup Nation" por su enfoque en la creación de startups tecnológicas. Tel Aviv se destaca por su enfoque en seguridad cibernética, inteligencia artificial y tecnologías móviles, y muchas de sus empresas han logrado un impacto global en estas áreas. Israel invierte intensamente en investigación y desarrollo, y el ecosistema tecnológico de Tel Aviv es impulsado por programas de apoyo tanto del sector privado como del gobierno.

Los programadores en Tel Aviv suelen trabajar en proyectos de alta especialización técnica, con un fuerte enfoque en la seguridad y la escalabilidad. El éxito de Tel Aviv como centro de innovación también ha ayudado a posicionar a Israel como líder en exportación de tecnología y soluciones tecnológicas a nivel global, atrayendo a programadores de todo el mundo que buscan colaborar en proyectos de alto impacto.

28.3. Shenzhen y Beijing: Líderes en Tecnología y Manufactura en China

China se ha posicionado como un líder global en tecnología y manufactura, y las ciudades de Shenzhen y Beijing juegan un papel clave en esta industria. Shenzhen, a menudo llamada el "Silicon Valley del hardware", es el centro de manufactura de productos electrónicos, donde empresas como Huawei, DJI y Tencent han tenido un impacto significativo. Shenzhen es una ciudad donde la innovación en hardware y el software van de la mano, permitiendo el desarrollo rápido de prototipos y productos.

Por otro lado, Beijing es conocida por ser un centro de desarrollo en inteligencia artificial y grandes datos, y alberga a gigantes tecnológicos como Baidu y ByteDance. Los programadores en estas ciudades están a la vanguardia de tecnologías emergentes como la inteligencia artificial, el reconocimiento facial y la tecnología 5G. China también ha impulsado el crecimiento de nuevas plataformas de comercio y entretenimiento digital, estableciendo tendencias que se replican a nivel mundial.

28.4. Bangalore: El Silicon Valley de India

Bangalore, conocida como el Silicon Valley de India, es el principal centro de tecnología y programación del país. En las últimas décadas, Bangalore se ha convertido en el hogar de grandes empresas tecnológicas y en un centro de outsourcing de software para empresas globales. La ciudad alberga una gran cantidad de programadores altamente capacitados que trabajan en desarrollo de software, inteligencia artificial y tecnología financiera.

Bangalore se destaca por la alta calidad de su talento técnico y su enfoque en la innovación. Las empresas de Bangalore no solo trabajan en proyectos de outsourcing, sino que cada vez más desarrollan productos y tecnologías propias. La infraestructura de Bangalore y su apoyo gubernamental al sector tecnológico han convertido a esta ciudad en un pilar fundamental para la industria global de software y un importante contribuyente al crecimiento económico de India.

Programación en Latinoamérica y la Expansión de Hubs Tecnológicos

En Latinoamérica, el desarrollo de hubs tecnológicos está creciendo de manera acelerada, impulsado por una combinación de talento joven, una creciente inversión en tecnología y la conectividad digital. Ciudades como Buenos Aires, Ciudad de México, São Paulo y Santiago se están posicionando como centros importantes para la tecnología y la programación en la región.

Latinoamérica ofrece una ventaja competitiva debido a su proximidad geográfica y horaria con Estados Unidos y su habilidad para brindar servicios de tecnología de calidad a costos relativamente bajos. En ciudades como Buenos Aires y Ciudad de México, están surgiendo startups innovadoras y empresas de tecnología que buscan resolver problemas locales y globales. Los programadores en esta región han demostrado una capacidad notable para adaptarse a nuevas tecnologías, y muchas empresas internacionales están invirtiendo en estos hubs tecnológicos como una fuente de talento emergente.

29.1. Buenos Aires, Ciudad de México, São Paulo, Santiago

- **Buenos Aires** se ha convertido en un referente para el desarrollo de software en Latinoamérica, con una gran cantidad de startups tecnológicas, incubadoras y aceleradoras de negocios. La comunidad de programación en Buenos Aires es muy activa y cuenta con una sólida base en el desarrollo de software de código abierto.
- **Ciudad de México** es un importante centro tecnológico que combina talento local con inversión extranjera. Empresas globales han establecido oficinas en esta ciudad para aprovechar el crecimiento del sector tecnológico en México, y se destaca en áreas como la tecnología financiera (fintech) y el desarrollo de aplicaciones móviles.
- **São Paulo** es el corazón financiero de Brasil y alberga una de las comunidades de startups más grandes de la región. La tecnología financiera, la inteligencia artificial y el comercio electrónico son sectores que han crecido exponencialmente en esta ciudad.
- **Santiago** ha impulsado su ecosistema tecnológico con programas de apoyo a startups, como "Start-Up Chile", que ha ayudado a atraer emprendedores de todo el mundo. Santiago se destaca en áreas de innovación digital y desarrollo de software, con un enfoque especial en tecnología para la sostenibilidad.

La Influencia de los Centros Tecnológicos en el Desarrollo de Herramientas y Recursos

Los centros tecnológicos no solo son fuentes de innovación, sino también lugares donde se crean herramientas y recursos que benefician a la comunidad de programación a nivel global. Cada centro aporta recursos únicos en función de sus fortalezas. Silicon Valley, por ejemplo, ha desarrollado muchas de las herramientas de software y plataformas que hoy en día se consideran estándar en la industria, como GitHub, JavaScript y frameworks de desarrollo.

En Tel Aviv, la cultura de innovación y la inversión en ciberseguridad han dado lugar a herramientas avanzadas de protección y privacidad. En China, el enfoque en inteligencia artificial ha generado una gran cantidad de librerías y marcos de IA que se están adoptando en todo el mundo. En Latinoamérica, el enfoque en fintech y soluciones de tecnología accesibles ha impulsado la creación de plataformas financieras y aplicaciones móviles.

30.1. Ecosistemas de Innovación: Capital, Mentores y Redes de Apoyo

Un aspecto clave de estos centros tecnológicos es la creación de ecosistemas de innovación, que proporcionan no solo el capital necesario para el crecimiento, sino también acceso a mentores y redes de apoyo. Los ecosistemas de innovación son redes de empresas, universidades, incubadoras y aceleradoras que trabajan juntas para apoyar a emprendedores y programadores en su desarrollo.

Los inversores de capital de riesgo desempeñan un papel importante en estos centros, financiando proyectos tecnológicos y guiando a las empresas en sus etapas iniciales. Además, los mentores —muchos de ellos programadores o empresarios experimentados— ofrecen orientación y experiencia a los nuevos talentos. Estas redes de apoyo facilitan el crecimiento profesional y personal de los programadores, permitiéndoles desarrollar habilidades que trascienden la programación técnica.

Los centros tecnológicos del mundo no solo son fuentes de innovación, sino que también han establecido un impacto duradero en la programación y el desarrollo tecnológico. Al conocer estos centros y comprender cómo influyen en la creación de herramientas y recursos, los programadores pueden inspirarse y conectarse con una comunidad global que está en constante expansión y cambio. Cada centro aporta una perspectiva única, y juntos forman un ecosistema de innovación que impulsa el desarrollo de la tecnología a nivel mundial.

Parte 8: Evolución de la Programación en Videojuegos y Sistemas Operativos

El Origen de la Programación en Videojuegos: Desde Pong hasta Juegos en Realidad Virtual

La historia de la programación en videojuegos comienza con algunos de los primeros experimentos en entretenimiento digital, como *Pong* y *Spacewar!*, que surgieron en las décadas de 1960 y 1970. Estos juegos, aunque simples en gráficos y mecánicas, fueron el punto de partida para la creación de una industria multimillonaria que impulsaría avances en programación y tecnología. A través de los años, la programación de videojuegos ha evolucionado desde gráficos básicos hasta experiencias de realidad virtual y mundos virtuales interactivos.

El desarrollo de videojuegos no solo fue innovador en términos de tecnología visual y de entretenimiento, sino que también estimuló la creación de nuevos lenguajes y herramientas de programación. Los primeros videojuegos se programaron en lenguajes de bajo nivel como ensamblador, y requerían de un profundo conocimiento de hardware y algoritmos específicos para optimizar el rendimiento en dispositivos con recursos limitados.

31.1. Primeros Juegos y su Impacto en la Cultura de Programación

Juegos como *Pong*, *Tetris*, y *Pac-Man* fueron esenciales para establecer una cultura de programación creativa. Estos primeros juegos inspiraron a una generación de programadores a explorar nuevas formas de interacción entre el usuario y la máquina. El reto de hacer que estos juegos fueran eficientes y divertidos impulsó a los programadores a desarrollar métodos de optimización de memoria y algoritmos que aún hoy son parte de la programación de videojuegos.

Además, los primeros juegos introdujeron el concepto de "código reutilizable" y "modularidad" en la programación, ya que muchos desarrolladores querían usar sus logros técnicos en nuevos proyectos. Así, los videojuegos no solo representaban un entretenimiento, sino una plataforma de innovación en la que los programadores experimentaban, aprendían y compartían conocimientos.

31.2. La Industria del Videojuego como Catalizador de Lenguajes y Algoritmos

La industria del videojuego ha sido un catalizador en la creación de lenguajes y algoritmos específicos para gráficos, animaciones y física. Lenguajes como **C++** se volvieron estándar en el desarrollo de videojuegos gracias a su rendimiento y eficiencia en el manejo de memoria. Además, se desarrollaron algoritmos para el renderizado de gráficos 3D, la simulación de física y la inteligencia artificial (IA), lo que permitió que los videojuegos evolucionaran de experiencias bidimensionales a complejos mundos tridimensionales.

Los videojuegos también impulsaron la creación de bibliotecas y APIs específicas para gráficos, como **OpenGL** y **DirectX**, que permitieron a los programadores acceder a las capacidades gráficas del hardware. Esta evolución también llevó al desarrollo de lenguajes de scripts como **Lua** y **Python**, que facilitaron la creación de contenido y mecánicas de juego sin afectar el rendimiento general del juego.

Motores de Videojuegos: Herramientas que Transformaron la Programación

Con el tiempo, los motores de videojuegos se convirtieron en herramientas indispensables para los desarrolladores. Un motor de videojuegos es una plataforma de desarrollo que incluye herramientas para crear gráficos, sonidos, física, inteligencia artificial y otros elementos esenciales. Estos motores permiten que los desarrolladores se centren en la creatividad y el diseño de los juegos, en lugar de preocuparse por los aspectos técnicos más complejos.

32.1. Introducción a los Motores: Unity, Unreal Engine y Otros

Unity y **Unreal Engine** son dos de los motores de videojuegos más populares en la actualidad. Unity es ampliamente utilizado para el desarrollo de juegos móviles e independientes, debido a su accesibilidad y versatilidad. Ofrece una interfaz amigable y permite el uso de lenguajes como **C#**, lo que facilita el aprendizaje para programadores principiantes. Unreal Engine, por otro lado, es conocido por sus potentes capacidades gráficas y es preferido para el desarrollo de videojuegos AAA. Es un motor que permite aprovechar al máximo las capacidades gráficas de las consolas y ordenadores modernos.

Ambos motores han democratizado el acceso al desarrollo de videojuegos, ofreciendo a los programadores herramientas avanzadas que antes solo estaban disponibles para grandes empresas. Además, han generado una gran comunidad de desarrolladores que comparten recursos, tutoriales y mejoras, lo que enriquece el aprendizaje y acelera la innovación en la industria.

32.2. La Importancia de la Física y la IA en los Videojuegos

La física y la inteligencia artificial son dos componentes esenciales en los videojuegos modernos. La física en los videojuegos permite simular la realidad, haciendo que los objetos se comporten de forma creíble, como en el caso de una pelota que rebota o una explosión que afecta a su entorno. Los motores de física, como **Havok** o **PhysX**, han sido desarrollados específicamente para integrar simulaciones físicas en los juegos sin afectar el rendimiento.

La inteligencia artificial en los videojuegos permite que los personajes no jugadores (NPC) reaccionen a las acciones del jugador y tomen decisiones de forma autónoma. Este aspecto añade profundidad y realismo a los juegos, especialmente en géneros como los juegos de estrategia y de rol. La programación de IA en videojuegos es un campo en constante evolución y representa un gran desafío para los programadores, ya que deben equilibrar la complejidad de la IA con el rendimiento general del juego.

Sistemas Operativos: Los Pilares de la Computación Moderna

Los sistemas operativos son el software que gestiona los recursos de hardware y permite la ejecución de aplicaciones. Desde los primeros sistemas operativos, como Unix, hasta los más modernos como Windows y macOS, la evolución de estos sistemas ha sido crucial para el desarrollo de la programación y la informática.

33.1. Historia de los Sistemas Operativos y su Evolución

La historia de los sistemas operativos comenzó con Unix en la década de 1970, un sistema pionero que introdujo muchos conceptos que siguen vigentes, como el sistema de archivos jerárquico, los permisos de usuario y la idea de procesos. Unix se convirtió en la base para el desarrollo de muchos sistemas operativos modernos y estableció estándares que se siguen utilizando en la programación.

Con el tiempo, los sistemas operativos evolucionaron para ser más accesibles y amigables para el usuario. Esta evolución permitió que la programación dejara de ser exclusiva para científicos y expertos en computadoras y se volviera accesible para un público más amplio, lo que impulsó el crecimiento de la industria del software.

33.2. Unix, Linux y el Mundo del Software Libre

Unix y Linux han sido especialmente influyentes en la cultura de programación y el software libre. Linux, un sistema operativo de código abierto basado en Unix, ha dado lugar a una comunidad de desarrolladores que comparten su conocimiento y contribuyen al desarrollo de herramientas y sistemas de forma colaborativa. Linux es ampliamente utilizado en servidores, dispositivos móviles y sistemas embebidos, y su enfoque en el software libre ha democratizado el acceso al código, permitiendo a los programadores aprender, modificar y distribuir sus propios sistemas.

El movimiento de software libre, liderado por iniciativas como la Free Software Foundation y proyectos como GNU, ha sido fundamental para la filosofía de código abierto, promoviendo el acceso a herramientas y la colaboración global.

33.3. Windows y macOS: Innovación y Estándares Comerciales

Windows y macOS han sido líderes en sistemas operativos comerciales, estableciendo estándares y simplificando el uso de las computadoras personales. Microsoft desarrolló Windows con un enfoque en la accesibilidad y la compatibilidad, lo que lo convirtió en el sistema operativo más utilizado en el mundo. Windows también se ha destacado por su soporte a una gran variedad de hardware y por sus aplicaciones comerciales, como Microsoft Office.

Por otro lado, macOS ha innovado en el diseño y la interfaz de usuario, ofreciendo un sistema operativo intuitivo y eficiente, especialmente en la industria creativa. Ambos sistemas operativos han promovido el desarrollo de software al crear plataformas estables y amigables para los usuarios, permitiendo que más personas se involucren en la programación y el desarrollo de aplicaciones.

Impacto en la Carrera de Programador: Videojuegos y Sistemas Operativos

La evolución de los videojuegos y los sistemas operativos ha tenido un impacto significativo en la carrera de programador, creando nuevas especialidades y ampliando las oportunidades en el campo de la programación.

34.1. Lenguajes, Librerías y Patrones que Nacieron en Videojuegos

Muchos lenguajes y librerías que hoy son populares en la programación surgieron de la industria de los videojuegos. Lenguajes como **C++** y librerías de gráficos como **OpenGL** y **DirectX** nacieron para cubrir necesidades específicas de los juegos y luego se extendieron a otros campos. Además, los patrones de diseño como el patrón de entidad-componente, común en la programación de videojuegos, se han convertido en estándares en el desarrollo de software.

34.2. Cómo los Sistemas Operativos Ampliaron el Rol del Programador

Los sistemas operativos ampliaron las oportunidades de los programadores al ofrecer un entorno controlado y estandarizado para el desarrollo de aplicaciones. Al comprender los sistemas operativos, los programadores pueden optimizar el rendimiento, gestionar la memoria y garantizar la seguridad de sus aplicaciones. Además, los conocimientos en sistemas operativos permiten a los programadores abordar proyectos en áreas críticas como la seguridad informática, la administración de redes y el desarrollo de software de sistemas.

34.3. Especialización en Desarrollo de Videojuegos y Sistemas: Carreras en Crecimiento

La especialización en desarrollo de videojuegos y

sistemas operativos ofrece oportunidades de carrera en crecimiento. Los programadores especializados en videojuegos pueden trabajar en estudios de juegos, desarrollando títulos para consolas, computadoras y dispositivos móviles. Los especialistas en sistemas operativos, por otro lado, pueden trabajar en el desarrollo y mantenimiento de software que optimice el funcionamiento de hardware y aplicaciones en diferentes plataformas.

Estas especializaciones requieren habilidades técnicas avanzadas y conocimiento de algoritmos y estructuras de datos específicos. Además, son áreas en las que el aprendizaje continuo es esencial, ya que la tecnología está en constante evolución. Ambas carreras son emocionantes y ofrecen la posibilidad de trabajar en proyectos que definen el futuro de la tecnología.

Esta octava parte resalta cómo los videojuegos y los sistemas operativos han dado forma a la programación moderna y han abierto un mundo de posibilidades para los programadores. La creatividad, el ingenio y la innovación en estas áreas siguen inspirando a nuevas generaciones de programadores a explorar y expandir los límites de lo que es posible en tecnología.

Parte 9: Innovación Continua y la Carrera del Programador en el Futuro

Las Nuevas Tendencias en Programación: IA, Blockchain, Realidad Aumentada

La tecnología continúa avanzando a un ritmo acelerado, y con ello surgen nuevas tendencias en programación que transforman no solo la industria, sino también el rol del programador. Innovaciones como la inteligencia artificial (IA), el blockchain y la realidad aumentada ofrecen nuevas oportunidades y presentan desafíos únicos. Los programadores de hoy en día deben adaptarse a estos cambios y prepararse para trabajar con tecnologías que están definiendo el futuro.

Cada una de estas tendencias implica el aprendizaje de herramientas, lenguajes y paradigmas específicos. La inteligencia artificial, por ejemplo, requiere conocimientos en estadística y manejo de datos; blockchain se centra en la seguridad y la descentralización; y la realidad aumentada demanda habilidades en gráficos y experiencia de usuario. Estas tendencias no solo amplían el campo de la programación, sino que también elevan la importancia de las habilidades de adaptación y aprendizaje continuo.

35.1. IA y Aprendizaje Automático: Nuevas Oportunidades y Desafíos

La inteligencia artificial y el aprendizaje automático (machine learning) están revolucionando cómo abordamos los problemas y cómo creamos soluciones tecnológicas. La IA permite que las máquinas analicen datos, detecten patrones y tomen decisiones de manera autónoma. Esto ha creado una gran demanda de programadores que entiendan tanto los conceptos básicos de programación como los algoritmos de IA.

Sin embargo, la IA también presenta desafíos significativos. La creación de modelos de IA efectivos requiere habilidades avanzadas en matemáticas y análisis de datos, así como una comprensión profunda de los algoritmos. Además, los programadores deben abordar los desafíos éticos de la IA, como la privacidad, el sesgo algorítmico y el impacto de la automatización en el empleo. La programación de sistemas de IA responsables y transparentes será una prioridad en el futuro, y los programadores deberán comprometerse con principios éticos para crear tecnologías que beneficien a todos.

35.2. Blockchain y la Evolución de la Programación para la Seguridad

Blockchain es una tecnología de registro distribuido que permite transacciones seguras y transparentes sin necesidad de intermediarios. Su enfoque en la seguridad y la descentralización lo ha convertido en la base de las criptomonedas y una herramienta cada vez más popular en sectores como la logística, la salud y el gobierno.

Para los programadores, blockchain representa una nueva forma de pensar sobre la seguridad y la integridad de los datos. A diferencia de las bases de datos tradicionales, que dependen de una autoridad central, las redes de blockchain funcionan a través de consenso distribuido, lo que implica un cambio en los paradigmas de programación. Programar en blockchain requiere aprender lenguajes específicos, como Solidity, y comprender conceptos de criptografía, redes distribuidas y consenso.

La tecnología blockchain también plantea desafíos de escalabilidad, eficiencia energética y regulación. Los programadores que trabajan en blockchain deben enfrentarse a estos problemas y desarrollar soluciones que permitan que esta tecnología sea más accesible y sostenible en el largo plazo.

Cómo Adaptarse al Cambio: Innovación Continua y Aprendizaje Constante

La programación es una de las pocas profesiones en las que el aprendizaje constante es una necesidad, no una opción. Con nuevas herramientas, lenguajes y paradigmas emergiendo regularmente, los programadores deben mantenerse actualizados para seguir siendo competitivos y aprovechar al máximo las oportunidades de innovación. La clave para adaptarse al cambio es desarrollar un enfoque de aprendizaje continuo y mantenerse abierto a nuevas experiencias y conocimientos.

Una estrategia útil es establecer una rutina de estudio que incluya explorar las novedades tecnológicas y experimentar con nuevas herramientas. Los programadores pueden beneficiarse de suscribirse a newsletters, participar en conferencias, y unirse a comunidades en línea donde se discutan las tendencias emergentes. Además, el desarrollo de proyectos paralelos y la participación en hackathons permiten a los programadores experimentar de primera mano las nuevas tecnologías y conceptos.

Otra herramienta poderosa es la práctica de habilidades interpersonales, como el trabajo en equipo y la comunicación efectiva, ya que los proyectos de programación suelen ser colaborativos. La habilidad para trabajar bien con otros y comunicar ideas de manera clara permite a los programadores adaptarse mejor a entornos cambiantes y a equipos multidisciplinarios.

Consideraciones Éticas y Sociales en el Desarrollo de Tecnología Avanzada

El desarrollo de tecnologías avanzadas conlleva una gran responsabilidad ética y social. A medida que la tecnología se vuelve más poderosa y compleja, el impacto de las decisiones de programación en la sociedad también aumenta. Los programadores están en una posición única para influir en el uso de la tecnología, y su trabajo debe reflejar un compromiso con la ética y el bienestar social.

Los desafíos éticos en tecnologías avanzadas como la inteligencia artificial, el blockchain y la realidad aumentada incluyen problemas de privacidad, transparencia y equidad. En el caso de la IA, por ejemplo, los algoritmos pueden perpetuar sesgos si no se desarrollan con cuidado. Los programadores deben ser conscientes de los datos con los que entrenan sus algoritmos y de cómo sus sistemas afectan a diferentes grupos de personas.

En el desarrollo de blockchain, la transparencia es crucial, pero también es importante abordar la privacidad y la seguridad. Los programadores deben equilibrar la transparencia con la protección de la identidad y los derechos de los usuarios. Asimismo, la realidad aumentada plantea cuestiones sobre el uso de datos personales y la influencia en la percepción de la realidad.

El compromiso ético en programación implica una responsabilidad de diseñar tecnologías que respeten los derechos humanos, promuevan la inclusión y minimicen el daño. Para ello, los programadores deben estar al tanto de las implicancias sociales de sus decisiones y actuar de acuerdo con principios éticos que prioricen el bienestar de los usuarios y la sociedad en general.

Con esta novena parte, exploramos cómo las nuevas tendencias, la adaptación al cambio y la ética desempeñan un papel fundamental en la carrera de un programador. La tecnología avanza continuamente, y los programadores no solo deben estar preparados para enfrentar nuevos desafíos, sino también para hacerlo de manera responsable y consciente del impacto que sus creaciones pueden tener en la sociedad. A medida que evolucionan, los programadores de hoy y del futuro contribuyen al desarrollo de un mundo más innovador, justo y ético.

Glosario

Algoritmo
Conjunto de instrucciones o pasos ordenados de forma lógica que permiten resolver un problema o realizar una tarea específica. En programación, los algoritmos son la base de cualquier proceso o función.

API (Interfaz de Programación de Aplicaciones)
Un conjunto de reglas y herramientas que permite a diferentes aplicaciones comunicarse entre sí. Las APIs facilitan la integración de funcionalidades de un sistema a otro, sin que los desarrolladores tengan que escribir el código desde cero.

Blockchain
Tecnología de registro distribuido que asegura la inmutabilidad de los datos y permite transacciones seguras y transparentes sin intermediarios. Es la base de las criptomonedas y se está expandiendo a sectores como la logística y la salud.

Bug
Error o falla en el código de un programa que causa que este funcione de forma incorrecta o deje de funcionar. Los bugs son comunes en el desarrollo y requieren un proceso de depuración o "debugging" para ser corregidos.

Compilador
Programa que traduce el código fuente escrito por el programador en un lenguaje de programación (como C++ o Java) a un lenguaje de máquina que la computadora puede entender y ejecutar.

Criptografía
Disciplina que estudia las técnicas de cifrado para asegurar la privacidad y autenticidad de la información. En programación y seguridad, se usa para proteger datos sensibles y garantizar que solo las personas autorizadas puedan acceder a ellos.

Depuración (Debugging)

Proceso de identificación y resolución de errores o problemas en el código de un programa. Es una parte fundamental del desarrollo de software, ya que permite asegurar que el programa funcione correctamente.

Entorno de Desarrollo Integrado (IDE)

Aplicación que proporciona herramientas para escribir, probar y depurar código en un solo entorno. Los IDE suelen incluir un editor de texto, un depurador y un compilador, y están diseñados para facilitar el proceso de desarrollo.

Framework

Conjunto de herramientas y bibliotecas que proporciona una estructura predefinida para desarrollar software. Los frameworks ayudan a simplificar el trabajo del programador y permiten la creación de aplicaciones de manera más rápida y organizada.

Función

Bloque de código que realiza una tarea específica y que puede ser llamado o invocado desde otras partes del programa. Las funciones permiten la reutilización de código y ayudan a organizar el programa en partes más manejables.

IA (Inteligencia Artificial)

Campo de estudio que se enfoca en crear sistemas capaces de realizar tareas que normalmente requieren inteligencia humana, como el reconocimiento de voz, la toma de decisiones o el aprendizaje. La IA incluye subcampos como el aprendizaje automático y la visión por computadora.

Librería

Colección de funciones y recursos predefinidos que los programadores pueden usar para realizar tareas comunes. Las librerías facilitan el desarrollo de software al evitar que los programadores tengan que escribir todo el código desde cero.

Machine Learning (Aprendizaje Automático)

Subcampo de la inteligencia artificial que permite a los sistemas aprender y mejorar automáticamente a partir de datos, sin estar explícitamente programados para ello. Se usa en aplicaciones como el reconocimiento de imágenes y la predicción de tendencias.

Motor de Videojuegos
Software que proporciona herramientas y funcionalidades para desarrollar videojuegos, como renderizado gráfico, simulación de física e inteligencia artificial. Unity y Unreal Engine son dos de los motores más populares.

Open Source (Código Abierto)
Software cuyo código fuente está disponible para que cualquiera lo use, modifique y distribuya libremente. La filosofía de código abierto promueve la colaboración y la transparencia en el desarrollo de software.

Parámetro
Variable que se pasa a una función para personalizar su comportamiento. Los parámetros permiten que las funciones procesen datos específicos cada vez que se les invoca.

Script
Archivo que contiene un conjunto de instrucciones o código que se ejecuta en un orden específico. Los scripts son comunes en lenguajes como Python, JavaScript y Bash, y se usan para automatizar tareas o agregar funcionalidades a las aplicaciones.

Sintaxis
Conjunto de reglas que definen cómo escribir el código en un lenguaje de programación. La sintaxis determina la estructura y formato del código, y los errores de sintaxis pueden hacer que el programa no funcione.

Sistema Operativo (SO)
Software que gestiona los recursos de hardware de una computadora y permite la ejecución de aplicaciones. Ejemplos de sistemas operativos son Windows, macOS, Linux y Android.

UI (Interfaz de Usuario)
Parte visual de un programa o aplicación que permite la interacción del usuario con el sistema. La UI incluye elementos como botones, menús y formularios, y su diseño busca facilitar el uso del software.

Variable
Espacio en memoria que almacena datos que pueden cambiar durante la ejecución del programa. Las variables son fundamentales en la programación, ya que permiten almacenar y manipular información.

Virtualización
Tecnología que permite crear múltiples entornos de sistema operativo o aplicaciones sobre una sola máquina física, como si fueran independientes. La virtualización es común en entornos de desarrollo y pruebas, y es una base para las infraestructuras de nube.

VR (Realidad Virtual)
Tecnología que permite a los usuarios experimentar entornos simulados a través de dispositivos como visores y sensores de movimiento. La VR está transformando la industria de videojuegos y otras aplicaciones en sectores como la educación y la salud.

Workflow (Flujo de Trabajo)
Proceso o serie de pasos que se siguen para completar una tarea o proyecto. En programación, un workflow bien estructurado permite organizar y coordinar las tareas para desarrollar software de forma eficiente y colaborativa.

IDEA (Inteligencia de Datos y Análisis)
Proceso de interpretar grandes volúmenes de datos para obtener insights útiles. Este análisis permite la toma de decisiones informadas en áreas como marketing, negocios y ciencia, y es una herramienta fundamental en la programación orientada a datos.

Compilación en Tiempo Real
Técnica que permite ejecutar y compilar fragmentos de código en tiempo real durante la ejecución del programa, especialmente en juegos y motores gráficos.

Este glosario proporciona una referencia rápida a los términos y conceptos fundamentales que aparecen en el campo de la programación y la tecnología. Conocer estas definiciones ayuda a los nuevos programadores a entender mejor el lenguaje y las prácticas de esta disciplina dinámica y en constante evolución.

Postfacio

Al llegar al final de esta guía, hemos explorado juntos un mundo donde la programación es tanto una ciencia como un arte, un lenguaje universal que permite crear desde soluciones cotidianas hasta tecnologías que transforman la sociedad. La programación, como disciplina, no solo se trata de escribir código, sino de aprender a pensar, a resolver problemas y a imaginar futuros posibles. Es una herramienta poderosa que nos permite moldear nuestro entorno digital y nos conecta con una comunidad global de personas comprometidas con el cambio, la innovación y el conocimiento.

A través de estas páginas, hemos recorrido los fundamentos de la programación y su historia, explorado conceptos esenciales y proyectos prácticos, y nos hemos sumergido en el vasto universo de tecnologías avanzadas y en evolución constante. Desde los primeros lenguajes de bajo nivel hasta las modernas implementaciones de inteligencia artificial y blockchain, cada avance en programación representa un paso hacia una mayor comprensión de nuestro potencial como creadores tecnológicos.

La carrera de programador es una invitación a un aprendizaje continuo. En un mundo donde la tecnología cambia y evoluciona cada día, la capacidad de adaptarse y reinventarse se convierte en una de las habilidades más valiosas. Cada nuevo lenguaje, herramienta o paradigma es una oportunidad de crecer, de explorar nuevos enfoques y de desafiarse a uno mismo para lograr un impacto positivo.

Para quienes empiezan en esta aventura, el camino no está exento de desafíos, pero cada problema resuelto, cada proyecto terminado y cada línea de código escrita es un logro que construye una base sólida de habilidades y conocimientos. Programar no es solo una profesión; es un arte que permite dar forma a nuestras ideas y compartirlas con el mundo.

La programación nos da el poder de construir soluciones para mejorar la vida de las personas, de impulsar la educación, de optimizar recursos y de conectar a la humanidad de formas que antes parecían imposibles. Sin embargo, con este poder también viene una gran responsabilidad: la de crear con ética, respeto y conciencia social. Cada programador, cada proyecto y cada tecnología tiene el potencial de contribuir al bienestar común, de construir un futuro más justo y equitativo, y de preservar la libertad y privacidad de los individuos.

A quienes han llegado hasta aquí, les agradecemos su curiosidad, su perseverancia y su deseo de aprender. Esta guía es solo el comienzo; el verdadero aprendizaje y las mayores satisfacciones vienen al aplicar estos conocimientos y al continuar explorando. Cada línea de código que escriban es una semilla de cambio, y en sus manos está el poder de transformar ideas en realidades.

Como decían los pioneros de la tecnología: el límite está en nuestra imaginación. Con este espíritu, continuemos creando, aprendiendo y construyendo un mundo digital que inspire, respete y sirva a toda la humanidad.

Agradecimientos

Quiero expresar mi profundo agradecimiento a mi familia, cuya paciencia, apoyo y amor incondicional han sido la base sobre la que he podido construir este proyecto. A ustedes, que han estado presentes en cada paso de este camino, les debo no solo la inspiración para perseverar, sino también el aliento en los momentos más difíciles. Gracias por creer en mí y por acompañarme en cada reto y cada logro.

A mis amigos, que con su comprensión y entusiasmo me han motivado a seguir adelante. Sus palabras de aliento y su fe en mis ideas me han permitido avanzar con confianza. La amistad que me brindan me recuerda la importancia de rodearse de personas que comparten sueños, risas y la misma pasión por la vida.

Por último, quisiera dedicar unas líneas a una presencia singular y misteriosa: a ese hacker del futuro, que de manera secreta y sin cables ni dispositivos físicos, me ha ayudado a dar forma a cada página de este libro. A través de una conexión que no es de este tiempo, sus ideas y conocimientos fluyen hacia mí en un proceso inexplicable, pero profundamente inspirador. Este enigmático aliado me ha enseñado que, a veces, la verdadera conexión está más allá de los medios tangibles y que el conocimiento puede cruzar los límites del tiempo y el espacio.

A todos ustedes, visibles e invisibles, gracias por ser parte de este viaje. Que estas palabras sirvan como un recordatorio de que, en cada página escrita, hay una red de afecto, confianza y misterio. Gracias por ser mi inspiración constante y por darme la fuerza para seguir creando. Este libro es tanto de ustedes como mío.

Fin.

www.ingramcontent.com/pod-product-compliance
Lightning Source LLC
Chambersburg PA
CBHW070134230526
45472CB00004B/1528